Unsere Kopiervorlagen: MEHR ALS NUR PAPPE!

STOPP – bitte noch nicht umblättern! Bevor Sie sich in Ihre Unterrichtsvorbereitung stürzen, nehmen Sie sich zwei Minuten Zeit und lesen eine kurze Einführung in die Welt der Papphefter vom Verlag an der Ruhr. Denn nur so haben Sie immer alle Vorteile im Blick:

... man findet sie in jedem Regal – ob zu Hause oder im Lehrerzimmer
... sie sind immer schnell zur Hand
... sie liefern jederzeit Ideen, kompakt, aber vielfältig
... sie passen in jede Lehrertasche
... sie sparen Zeit und schonen die Nerven
... sie sind beliebig zu ergänzen und zu sortieren
... sie schonen die Umwelt
... sie sind kreativ, innovativ und absolut praxisnah!

W0411912

Seit 2011 mit neuem Verschluss

Seither können Sie Ihre Kopiervorlagen spielend leicht aus dem Papphefter herausnehmen. Dank der raffinierten Konstruktion lässt sich jede Seite schnell entnehmen, ohne weitere Blätter lösen zu müssen.

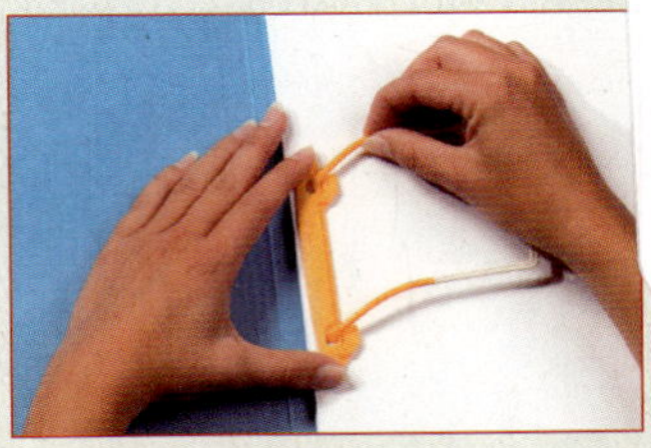
1. LOSMACHEN

2. BLÄTTERN

3. ÖFFNEN

4. HERAUSNEHMEN

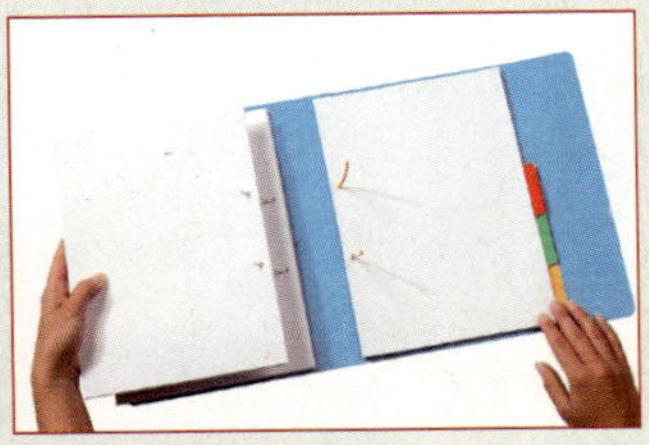
5. EINFÜGEN

6. SCHLIESSEN

WUSSTEN SIE SCHON ...

... dass statistisch betrachtet jeder 2. Lehrer mind. einen Papphefter besitzt?
... dass sich derzeit über 2.000.000 Papphefter im Umlauf befinden und dass man, wenn man alle Papphefter hintereinander legt, damit zweimal das Ruhrgebiet umkreisen könnte?
... dass unsere Papphefter seit 30 Jahren treue Begleiter des Schulalltags sind – und dabei immer wieder mit neuen Ideen überraschen?
... dass die durchschnittliche Haltbarkeit eines Papphefters 10 Jahre beträgt?
... dass sich unsere Pappen auch hervorragend als Sitzunterlage beim Grillen, als Tablett oder Untersetzer, Sonnenschutz oder Fächer beim Schulfest sowie als Sichtschutz bei Klassenarbeiten eignen?

KOPIERSCHUTZ

Daniela Kunerl • Dominique Lurz

Literatur-Kartei

Differenzierter Lesebegleiter & Themen-Module

Verlag an der Ruhr

Inhaltsverzeichnis

Vorbemerkungen 4
Die geförderten Lesekompetenzen 6
Zeilometer/Lesezeichen 8

Differenzierter Lesebegleiter

So ein Durcheinander! 9
Der Duft des großen Vogels 11
So eine Hektik! 13
Flocki und der Weihnachtsbaum 15
Flocki und die Pakete 17
Bunte Bälle 19
Flockis Versteckspiel 21
Mama und der Stollen 23
Flocki in der Speisekammer 25
Flockis Abenteuer im Haus 27
Flockis seltsame Begegnung 29
Ein seltsamer Tag für Flocki 31

Mehr zum Buch

Flockis Lesequiz 33
Quatschsätze würfeln 36
Neue Flocki-Geschichten 37
Flocki-Pantomime-Spiel 38
Flockis Wörterspiel 41

Weihnachten

Rund um Weihnachten 43
Das berühmteste Weihnachtslied der Welt 45
Der Christstollen 49
Weihnachtsgeräusche 51
Unkaputtbare Christbaumkugeln 52
Unkaputtbare Christbaumanhänger 52
Rezept für Vanillekipferl 53

Hunde

Körperbau von Hunden 54
Hunde-Steckbrief 55
Hunde-Nachwuchs 56
Die Sinnesorgane eines Hundes 57
Verstehst du die Hundesprache? 58
Ein Hund für deine Familie? 59
Hunde-Quiz 60

Sportspiele

Flockis Kugeltanz 61
Flocki jagt den Postboten 61

Lösungen 62

Vorbemerkungen

Ein ganzes Buch zu lesen, stellt für viele Kinder noch eine große Herausforderung dar, da sie viel Konzentration, Anstrengungsbereitschaft und Durchhaltevermögen benötigen, um diese Herausforderung zu meistern.

Gerade deshalb ist es wichtig, dass der Inhalt der Lektüre zum Weiterlesen auf unterhaltsame und spannende Weise verführt, wodurch eine positive Leseerfahrung entsteht. Hierfür eignet sich das Buch „Mein 24. Dezember“ von Achim Bröger besonders, da es durch seinen leicht verständlichen Schreibstil und den überschaubaren Umfang gerade an die Bedürfnisse von Kindern der **zweiten und dritten Klasse** angepasst ist.

Zur Lektüre „Mein 24. Dezember“

Achim Bröger gelingt es, das weihnachtliche Treiben auf humorvolle Art und Weise aus der Sicht eines kleinen Hundes zu beschreiben. Da es Flockis erstes Weihnachtsfest ist, wundert er sich sehr über seine menschliche Familie, die sich für ihn von einem zum anderen Tag auf einmal sehr seltsam verhält. Durch diese ungewohnte Erzählperspektive entsteht viel Platz für allerlei Überraschungen und witzige Situationen.

Zum Aufbau der Literatur-Kartei

Die Literatur-Kartei besteht zum einen aus einem **differenzierten Lesebegleiter**, dessen Aufträge sich direkt auf die Lektüre beziehen, und zum anderen aus **Themen-Modulen**, welche weiterführende Arbeitsaufträge und Materialien, zu den Themen Weihnachten und Hunde, enthalten.

Unser Ziel war es, den Kindern den Freiraum zu geben, um eine handelnde Auseinandersetzung mit Sprache zu ermöglichen, viel Raum für eigene Ideen und kreative Tätigkeiten zuzulassen und Gelegenheiten zur spielerischen Bewegung zu geben. Die Lerninhalte **orientieren sich** dabei **an den Kompetenzen des Lehrplanes**, welche im zweiten Schuljahr angebahnt und entwickelt werden sollen.

Zum Umgang mit dem differenzierten Lesebegleiter

Der direkte Bezug zur Lektüre ermöglicht verschiedene Übungen zum **sinnentnehmenden Lesen**, bzw. zum Aufbau der Lesefertigkeit. Zu jedem Kapitel stehen den Kindern **Arbeitsblätter in zwei unterschiedlichen Schwierigkeitsgraden** zur Verfügung. Stellen Sie den Kindern individuelle Lesebegleiter zusammen, oder lassen Sie die Kinder in einer Lesewerkstatt selbst ihren Schwierigkeitsgrad bestimmen. Dann ist es sinnvoll, die Kinder ihre Materialien mit Hilfe eines Heftstreifens sammeln zu lassen, wodurch für die Kinder mit der Zeit ihr **eigenes Flocki-Buch** entsteht.

Die zwei Differenzierungsstufen sind durch Symbole voneinander unterscheidbar. Die **einfacheren Materialien** sind durch einen **Ball** gekennzeichnet und zielen darauf ab, explizit angegebene Informationen des Textes zu finden, nachzuvollziehen und in Beziehung zueinander zu setzen.

Die **schwierigeren Materialien** sind durch einen **Knochen** gekennzeichnet und verlangen eine über den Text hinausgehende Beschäftigung mit dem Thema, z.B. Transferleistungen und das Verknüpfen von Informationen. Hier wird hauptsächlich die eigene Auseinandersetzung mit dem Text verlangt.

Selbstreflexion

Am Ende jedes Arbeitsblattes finden sich drei Zeichnungen, anhand derer die Kinder ihre **Arbeit reflektieren** können. War das Arbeitsblatt zu leicht? Genau richtig? Oder zu schwer?

Der Umgang mit dieser Reflektion wird auf den Seiten nicht expliziert erklärt und sollte daher von Ihnen erläutert werden.

Vorbemerkungen

Zeilometer

Auf einigen Arbeitsblättern finden sich **zwei Kästchen**, in welche die Kinder eintragen sollen, **auf welcher Seite** und **in welcher Zeile eine Information steht**. Diese Aufgabenstellung wird den Kindern auf dem jeweiligen Arbeitsblatt **nicht explizit** erklärt.
Es ist daher sinnvoll, zu Beginn der Unterrichtseinheit den **Umgang mit dem Zeilometer** (S. 8) zu erklären.

Das Zeilometer hilft den Kindern zudem beim schnellen Auffinden der entsprechenden Zeilenangaben, die für die Bearbeitung des jeweiligen Blattes notwendig sind. Die entsprechenden Seiten und Zeilenangaben, auf welche sich das Arbeitsblatt bezieht, werden von Flocki am oberen Rand des Materials genannt.

Lesequiz

Auf den Seiten 33 bis 36 finden Sie ein abschließendes Lesequiz zur Lektüre. Es enthält einzelne Aufgaben, die sich auf den Inhalt des Kinderbuches beziehen. Um die Lesefreude und Lesemotivation der Kinder zu stärken, sollte das Quiz nicht als Lernstandserhebung eingesetzt werden, sondern beispielsweise für die starken Kinder, die mit den Leseaufträgen fertig sind, als Zusatzaufgabe dienen. Man könnte die Kinder auch zu zweit daran arbeiten lassen.

Abb.: © Gerlinde Keller

Zum Umgang mit dem differenzierten Lesebegleiter

Der zweite Teil der Literatur-Kartei enthält in Form von Themen-Modulen weiterführende Arbeitsaufträge und Materialien zu angrenzenden **Themen, wie Weihnachten und Hunde**. Diese Modul-Struktur erlaubt es Ihnen, weitere Themen je nach den Bedürfnissen und Interessen Ihrer Lerngruppe auszuwählen. Auch hier bietet es sich an, diese in Form einer **Werkstatt** zusammenzustellen, sodass die Kinder eine Mappe zu diesem Thema anlegen und die Arbeitsmaterialien dort aufbewahren können.

Weiterführend finden Sie in den Themen-Modulen gerade im Hinblick auf Weihnachten **viele Materialien „für die Sinne“**. Die Kinder können beispielsweise Plätzchen backen, Weihnachtsgeräusche erproben etc.

Auch das Thema Hunde kann über vielfältige Zugangsmöglichkeiten vertieft werden. Es kann dabei sowohl vom naturwissenschaftlichen als auch vom sozialen Blickpunkt angegangen werden. Der Hunde-Steckbrief (S. 55) kann sowohl dafür genutzt werden, um sich mit Flockis Rasse näher zu befassen, als auch um die Kinder ihre Lieblingsrassen vorstellen zu lassen.

Durch den modularen Aufbau können die Angebote nach Interesse und Vorkenntnissen der Kinder individuell zusammengestellt werden.

Wichtig war uns beim Erstellen der Aufgaben auch, dass sie für die Lehrkraft schnell und ohne großen Aufwand umzusetzen sind.

Wir wünschen Ihnen beim Umgang mit dem Buch und diesem Material, dass Ihre Klasse genauso viel Lesefreude und Spaß entwickelt, wie es unsere Klassen beim Lesen und Arbeiten hatten.

Daniela Kunert

Dominique Lurz

Kompetenzbereich Lesen 1/2

Die Kinder …	**So ein Durcheinander** – *leicht, S. 9*	**So ein Durcheinander** – *schwer, S. 10*	**Der Duft des großen Vogels** – *leicht, S. 11*	**Der Duft des großen Vogels** – *schwer, S. 12*	**So eine Hektik!** – *leicht, S. 13*	**So eine Hektik!** – *schwer, S. 14*	**Flocki und der Weihnachtsbaum** – *leicht, S. 15*	**Flocki und der Weihnachtsbaum** – *schwer, S. 16*	**Flocki und die Pakete** – *leicht, S. 17*	**Flocki und die Pakete** – *schwer, S. 18*	**Bunte Bälle** – *leicht, S. 19*	**Bunte Bälle** – *schwer, S. 20*
1. verstehen schriftliche Arbeitsanweisungen und setzen sie um.	X	X	X	X	X	X	X	X	X	X	X	X
2. finden in Texten gezielt Informationen und können sie wiedergeben.	X	X	X	X	X	X	X	X	X	X	X	X
3. erschließen einfache Texte inhaltlich und entnehmen selbständig Informationen.	X	X	X	X	X	X	X	X	X	X	X	X
4. belegen Aussagen mit Seiten- und Zeilenangaben, Bildern oder Textstellen.				X	X	X		X		X		X
5. erfassen zentrale Aussagen von Texten und/oder geben sie zusammenfassend wieder.		X	X	X		X				X		
6. finden Handlungsträger und ihre Tätigkeiten heraus.		X				X						
7. formulieren eigene Gedanken, Vorstellungsbilder und/oder Schlussfolgerungen zu Texten.		X	X	X		X			X	X		
8. formulieren begründet eigene Meinungen und nehmen Stellung zu Gedanken, Handlungen und Personen.		X		X		X		X		X		
9. übertragen Texte in andere Darstellungsformen (z.B. illustrieren).				X			X	X				X
10. erproben verschiedene Klanggestalten eines Satzes.										X		
11. entwickeln innere Vorstellungen zu Gelesenem und setzen sich in einfacher Weise mit Texten auseinander.		X	X	X	X	X	X	X	X	X		X
12. ziehen zusätzliches Weltwissen heran.		X	X	X		X				X		X
13. versetzen sich in die Lage einer der literarischen Figuren				X				X	X	X		

Kompetenzbereich Lesen 2/2

Die Kinder ...	Flockis Versteckspiel – *leicht*, S. 21	Flockis Versteckspiel – *schwer*, S. 22	Mama und der Stollen – *leicht*, S. 23	Mama und der Stollen – *schwer*, S. 24	Flocki in der Speisekammer – *leicht*, S. 25	Flocki in der Speisekammer – *schwer*, S. 26	Flockis Abenteuer im Haus – *leicht*, S. 27	Flockis Abenteuer im Haus – *schwer*, S. 28	Flockis seltsame Begegnung – *leicht*, S. 29	Flockis seltsame Begegnung – *schwer*, S. 30	Ein seltsamer Tag für Flocki – *leicht*, S. 31	Ein seltsamer Tag für Flocki – *schwer*, S. 32
1. verstehen schriftliche Arbeitsanweisungen und setzen sie um.	X	X	X	X	X	X	X	X	X	X	X	X
2. finden in Texten gezielt Informationen und können sie wiedergeben.	X	X	X	X	X	X	X	X	X	X	X	X
3. erschließen einfache Texte inhaltlich und entnehmen selbständig Informationen.	X	X	X	X	X	X	X	X	X	X	X	X
4. belegen Aussagen mit Seiten- und Zeilenangaben, Bildern oder Textstellen.	X			X	X	X	X		X	X		
5. erfassen zentrale Aussagen von Texten und/oder geben sie zusammenfassend wieder.				X							X	X
6. finden Handlungsträger und ihre Tätigkeiten heraus.			X	X				X				
7. formulieren eigene Gedanken, Vorstellungsbilder und/oder Schlussfolgerungen zu Texten.				X								X
8. formulieren begründet eigene Meinungen und nehmen Stellung zu Gedanken, Handlungen und Personen.		X	X	X		X						
9. übertragen Texte in andere Darstellungsformen (z.B. illustrieren).		X					X	X	X	X		
10. erproben verschiedene Klanggestalten eines Satzes.												
11. entwickeln innere Vorstellungen zu Gelesenem und setzen sich in einfacher Weise mit Texten auseinander.	X	X	X	X	X	X	X	X	X	X	X	X
12. ziehen zusätzliches Weltwissen heran.				X	X	X		X	X	X	X	X
13. versetzen sich in die Lage einer der literarischen Figuren	X		X	X								X

Zeilometer/Lesezeichen

1. Schneide das Lesezeichen aus, und klebe es in der Mitte zusammen.

2. Gestalte dein Lesezeichen farbig.

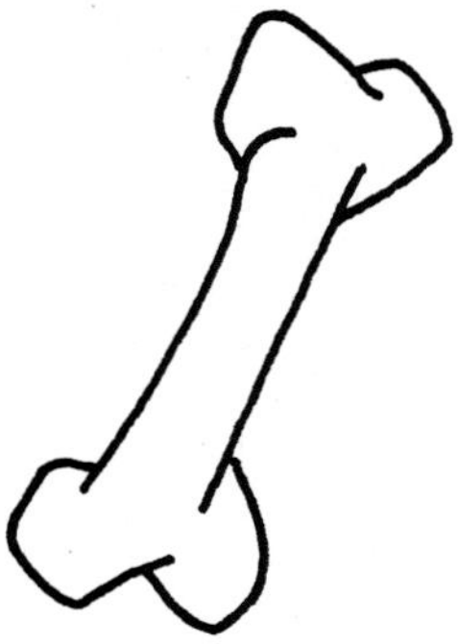

Mein 24. Dezember
von Achim Bröger

Dieses Lesezeichen gehört:

Klasse: ___________

Name: ___________

Knochen: © Verlag an der Ruhr

1 ____

5 ____

10 ____

15 ____

20 ____

25 ____

Hund: © Gerlinde Keller

So ein Durcheinander!

Lies Seite 7 bis 13.

Bei Flocki und seiner Familie herrscht Aufregung.

Kreuze die richtige Antwort an.

1. Was für ein Tier ist Flocki?
Flocki ist ein …
- ☐ großer Hase.
- ☐ kleiner, weißer Hund.
- ☐ kleiner, schwarzer Hund.

2. Wie nennt Flocki den Vater der Familie?
Flocki nennt ihn …
- ☐ den Wilden.
- ☐ den Kleinen.
- ☐ den Großen.

3. Was schleppt Papa ins Wohnzimmer?
Er trägt …
- ☐ einen Busch.
- ☐ einen Laubbaum.
- ☐ eine Tanne.

4. Was ist das kleine Ding aus Metall mit den vier Füßen?
Es ist ein …
- ☐ kleiner Roboter.
- ☐ Christbaumständer.
- ☐ Staubsauger.

5. Was macht Flocki mit dem Metallding?
Flocki zerrt das Ding unter …
- ☐ den Tisch.
- ☐ den Christbaum.
- ☐ das Sofa.

Dieses Arbeitsblatt war: ❑ *leicht* ❑ *genau richtig* ❑ *zu schwer*

So ein Durcheinander!

Lies Seite 7 bis 13.

Bei Flocki und seiner Familie herrscht Aufregung.

Bearbeite die Aufgaben.

1. Wer ist Flocki? ______________________________

2. Warum sind alle so aufgeregt?
- ☐ Weil Besuch kommt.
- ☐ Weil Weihnachten ist.

3. Flocki kann knurren. Papa auch. Das hört sich aber unterschiedlich an! Welche anderen Wörter könnte man für Papas Knurren noch verwenden? Unterstreiche sie.

reden — maulen — meckern — murren — keifen — schimpfen — jaulen

4. Was meint Flocki mit „das kleine, grüne Metallding mit vier Füßen" (Seite 10, Zeile 17)?

____

5. Was macht Flocki mit dem Gegenstand?

____

6. Warum macht er das?
- ☐ Er will aufräumen.
- ☐ Er will gelobt werden.
- ☐ Er will Papa ärgern.
- ☐ Er will ihn fressen.

7. Kannst du dir vorstellen, warum das alles für Flocki so merkwürdig ist?

____

____

Dieses Arbeitsblatt war: ❑ *leicht* ❑ *genau richtig* ❑ *zu schwer*

Feder, Gewicht: © Norbert Höveler; Daumen: © Magnus Siemens | ISBN 978-3-8346-0710-2 | www.verlagruhr.de

Der Duft des großen Vogels

Lies Seite 15.

Flocki schnuppert … mmmhh! Riecht das gut!

1. In jeden Satz hat sich ein falsches Wort eingeschlichen.
Streiche es durch, und schreibe das richtige Wort daneben.

- Aber vor allem riecht es überall ganz unverschämt gut nach großem Kaninchen. ____________________
- Der Duft kommt aus dem Keller. ____________________
- Gesehen habe ich den luftigen Vogel auch schon. ____________________
- Die Mama hat ihn reingeflogen. ____________________
- Ein Riesending und voller Federn. ____________________

2. Was für ein Vogel ist das überhaupt?

☐ ein Adler
☐ eine Gans
☐ ein Huhn

3. Vervollständige die Sätze. Male ein Bild von Mama, Flocki und dem Vogel.

- Flocki darf keine Vögel jagen.
  Er findet das ____________________.
- Wenn er es doch tut, kommt
  er sofort an die ____________________.
- Flocki denkt, die Mama hat den Vogel
  höchstpersönlich ____________________.
- Flocki würde Mama zur Strafe
  an die ____________________ nehmen.

Dieses Arbeitsblatt war: ☐ *leicht* ☐ *genau richtig* ☐ *zu schwer*

Der Duft des großen Vogels

📖 Lies Seite 15.

Flocki schnuppert … mmmhh! Riecht das gut!

1. Was für einen Duft hat Flocki denn da in der Nase?

____

2. Menschen und Tiere nehmen Gerüche oft unterschiedlich wahr.
Was denkst du, würden sie gerne in der Weihnachtszeit riechen? Verbinde.

alte Knochen

Zimtgeruch

Wurst

Orangenschalen

Tannenbaumduft

Braten

gebratene Gänse

Kaminfeuer

Plätzchenduft

alte Sandalen

Marzipan

3. Flocki findet es ungerecht, dass Mama etwas darf, was ihm verboten ist.

Was ist das? ______________________________

4. Bestimmt geht dir das auch manchmal so.
Was würdest du Kindern erlauben, wenn du erwachsen wärst?

____

____

____

Dieses Arbeitsblatt war: ❑ *leicht* ❑ *genau richtig* ❑ *zu schwer*

So eine Hektik!

Lies Seite 16 bis 18.

Flocki wundert sich. Alle rennen herum und benehmen sich merkwürdig.

1. Bei den folgenden Sätzen ist auch einiges durcheinandergeraten.
Verbinde richtig.

Der Kleine	holt Päckchen aus dem Auto.
Susanne	putzt das Haus und kauft ein.
Mama	sperrt sich in ihrem Zimmer ein.
Papa	klingelt dauernd.
Das Telefon	will freiwillig Schuhe putzen.

2. Der Kleine will freiwillig die Schuhe putzen. Was ist denn mit dem los?
Was sagt Flocki über ihn? Nur ein Satz ist richtig, kreuze ihn an.

- ☐ Er hat auch so einen seltsam roten Knopf und so ein komisches Glitzern in den Augen.
- ☐ Er hat auch so einen seltsam roten Kopf und so ein kosmisches Glitzern in den Augen.
- ☐ Er hat auch so einen seltsam roten Kopf und so ein komisches Glittern in den Augen.
- ☐ Er hat auch so einen seltsam roten Kopf und so ein komisches Glitzern in den Augen.

Dieses Arbeitsblatt war: ❑ *leicht* ❑ *genau richtig* ❑ *zu schwer*

So eine Hektik!

Lies Seite 16 bis 18.

Flocki wundert sich. Alle rennen herum und benehmen sich merkwürdig.

1. Schreibe mindestens drei Sachen auf, die Flocki merkwürdig findet.

___

2. Alle rasen herum und sind gestresst, weil sie noch viel vor Weihnachten erledigen wollen. Was, meinst du, ist vor Weihnachten alles zu erledigen? **Fülle den Erinnerungszettel der Familie aus.**

___

___

___

___

3. Eigentlich sollte Weihnachten aber doch eine Zeit der Stille sein, in der sich die Familie Zeit füreinander nimmt.
Unterstreiche, was für dich zu einer schönen Weihnachtszeit gehört, und schreibe eigene Ideen dazu.
Wenn du magst, kannst du dich auch mit anderen Kindern darüber unterhalten.

Spiele mit der ganzen Familie
Adventskranz
Kerzenlicht
Weihnachtslieder singen
Geheimnisse
Plätzchen essen
Einkaufen
Besuche in der Kirche
Basteln
Tee trinken
Verwandte besuchen
Plätzchen backen
Nüsse knacken

Dieses Arbeitsblatt war: ❑ *leicht* ❑ *genau richtig* ❑ *zu schwer*

Flocki und der Weihnachtsbaum

Lies Seite 19 bis 22.

1. Worum streiten sich Mama und Papa?

____

____

2. Was meint Flocki, wie sich die beiden einigen sollten?

____

____

3. Wo stellen Mama und Papa den Baum überall hin? Kreuze an.

- ☐ neben das Sofa
- ☐ vor das Fenster
- ☐ vor den Fernsehapparat
- ☐ vor die Musiktruhe
- ☐ neben die Terrassentür
- ☐ neben den Fernsehapparat

4. Jetzt wird der Baum auch noch hin und her gedreht.
Woran erinnern Flocki die Köpfe der beiden?

____

____

5. Ergänze den Satz:
Als der arme Kerl endlich genauso steht wie ____________________,
verkünden sie beide: „Jetzt ist es richtig."

Dieses Arbeitsblatt war: ❑ *leicht* ❑ *genau richtig* ❑ *zu schwer*

Flocki und der Weihnachtsbaum

Lies Seite 19 bis 22.

Mama und Papa streiten sich, wo und wie der Weihnachtsbaum stehen soll. Flocki sieht zu. Dabei gehen ihm die verrücktesten Gedanken durch den Kopf.

1. Schreibe sie in die Denkblasen.
Du kannst auch mit anderen Kindern darüber reden – gemeinsam kommen euch sicher lustige Ideen.

2. Flocki hat relativ schnell eine Idee, wie Mama und Papa sich einigen sollten.
Was sagen die beiden auch immer den Kindern, wenn diese sich streiten?

____

____

3. Hast du auch Vorschläge, wie man einen Streit aus der Welt schaffen könnte?

____

____

____

Dieses Arbeitsblatt war: ❑ *leicht* ❑ *genau richtig* ❑ *zu schwer*

Flocki und die Pakete

Lies Seite 27 bis Seite 28, Zeile 21.

1. Wo findet Flocki die Pakete? Was macht er mit ihnen?

____

2. Mama jault. Wie hört sich das an?
Lies die Sätze. Probiere verschiedene Betonungen aus.
Wenn du andere Kinder stören könntest, gehe kurz vor die Klassentür.

3. An der Türe klingelt es. Es ist Flockis Lieblingsfeind.
Wer ist der Mann, und warum mag Flocki ihn nicht?

____

____

4. Mit wem macht Flocki einen prima Wettlauf?

____

5. Mama schimpft Flocki und nennt ihn eine

____

Seite	*Zeile*

Dieses Arbeitsblatt war: ❑ *leicht* ❑ *genau richtig* ❑ *zu schwer*

Flocki und die Pakete

Lies Seite 27 bis Seite 28, Zeile 21.

1. Flocki findet unter dem Bett der Eltern viele Pakete. Eines davon ist für ihn. Was wohl darin ist? **Schreibe mindestens vier Dinge auf, über die Flocki sich freuen würde.**

____

____

____

2. An der Haustür klingelt es. Flockis Lieblingsfeind, der Postbote steht davor. **Warum, glaubst du, mögen Hunde keine Briefträger? Oder stimmt das gar nicht? Kreuze die Aussage an, welche du für richtig hältst.**

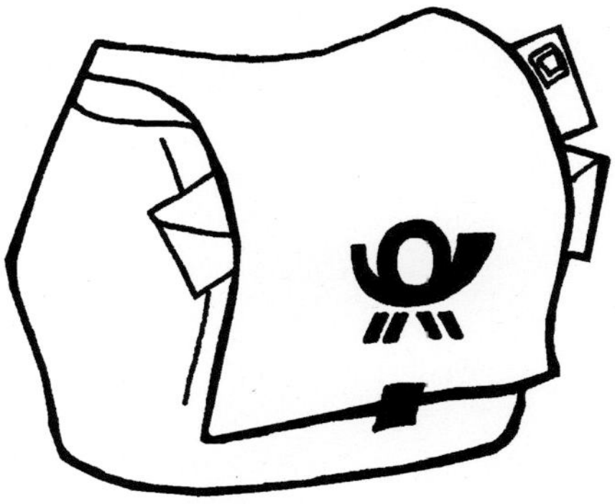

- ☐ Hunde mögen Postboten nicht, weil sie viel herumkommen und deshalb viele Gerüche an sich haben. Diese kann der Hund schlecht einordnen.
- ☐ Es ist nur ein Vorurteil, dass Hunde Postboten nicht mögen.
- ☐ Hunde möchten ihr Revier verteidigen. Da Postboten in dieses eindringen, mögen sie keine Postboten.
- ☐ Hunde mögen Postboten nicht, weil diese nie Pakete für Hunde dabeihaben.
- ☐ Es trifft nicht auf alle Hunde zu, dass sie den Postboten nicht mögen.

3. Mama nennt Flocki eine „Nervensäge“. **Was meint sie damit?**

____

____

____

____

Dieses Arbeitsblatt war: ☐ *leicht* ☐ *genau richtig* ☐ *zu schwer*

Bunte Bälle

Lies Seite 28, Zeile 22 bis Seite 32, Zeile 18.

1. Flocki wundert sich über die bunten Bälle am Baum. Er weiß nicht,

dass es ______________________ sind.

Kreuze an: Die „Bälle“ sind …

- ☐ rot, gelb und blau.
- ☐ durchsichtig, gelb und blau.
- ☐ durchsichtig, rot, gelb und blau.

2. Schmücke nun den Baum mit „Bällen“ und Kerzen.
Weißt du noch, welche Farben die Kerzen hatten?
Tipp: Lies noch einmal ab Seite 23 Zeile 19.

3. In jedem Satz hat sich ein überflüssiges Wort eingeschlichen.
Findest du es? Streiche es durch und schreibe es auf die Lösungszeile.

Der platzt Wer ja und fällt auseinander.

Ein doofer Ball ist das hat.

Aber wahrscheinlich die stellt sich nur der Rote so an.

Jetzt Kugel probiere ich den kleinen Gelben.

Leider zerbrochen ist der genauso doof.

Lösung: ____?

Dieses Arbeitsblatt war: ❑ *leicht* ❑ *genau richtig* ❑ *zu schwer*

Bunte Bälle

Lies Seite 28, Zeile 22 bis Seite 32, Zeile 18.

1. Flocki steht vor einem neuen Rätsel.
Wieso sollte der Baum noch nicht fertig sein? Kreuze an.

- ☐ Der Baum ist noch nicht in Brand gesteckt.
- ☐ Der Baum ist noch nicht geschmückt.
- ☐ Der Baum ist noch nicht ausgewachsen.

2. Flocki wundert sich über die bunten Bälle, die kaputtgehen, wenn man mit ihnen spielen will. Mit welchen Bällen könnte Flocki spielen, ohne dass diese sofort zerspingen?

Sammle weitere Begriffe in dem Wörterkasten.

Tischtennisball

Luftballon

Handball

3. Wie sollte dein Weihnachtsbaum aussehen, wenn du es dir aussuchen könntest? **Beschreibe seine Größe, den Baumschmuck und ob du dir elektrische oder echte Kerzen aussuchen würdest.**

Mein Weihnachtsbaum sollte ______________________________

____

____

____

____

Dieses Arbeitsblatt war: ❑ *leicht* ❑ *genau richtig* ❑ *zu schwer*

Flockis Versteckspiel

Lies Seite 36 bis 37.

Flocki hat sich die beiden Streichholzschachteln geschnappt und versteckt nicht nur diese.

1. Verbinde die Sätze mit dem richtigen Bild.

Die zweite Streichholzschachtel liegt unter dem Teppich hinter dem Sofa.

Seinen Lieblingsknochen hat Flocki unter dem Sofakissen versteckt.

2. Kennst du auch das dritte Versteck von Flocki?
Wo hat er die dritte Schachtel versteckt?
Beschreibe und male es.

____

____

____

____

____

____

Dieses Arbeitsblatt war: ❑ *leicht* ❑ *genau richtig* ❑ *zu schwer*

Flockis Versteckspiel

Lies Seite 36 bis 37.

Flocki hat sich die beiden Streichholzschachteln geschnappt und versteckt nicht nur diese.

1. Schreibe auf, an welchen Stellen Flocki die Streichholzschachteln und seinen Lieblingsknochen versteckt hat.

2. Male ein passendes Bild dazu.

3. Flocki wollte Papa seinen Lieblingsknochen geben. Plötzlich ist er sauer auf Papa. Warum?

Dieses Arbeitsblatt war: ❑ *leicht* ❑ *genau richtig* ❑ *zu schwer*

Feder, Gewicht: © Norbert Höveler; Daumen: © Magnus Siemens | ISBN 978-3-8346-0710-2 | www.verlagruhr.de

Mama und der Stollen

Lies Seite 38 bis Seite 40, Zeile 22.

1. Unten siehst du verschiedene Sätze.
Verbinde die Kästen mit den richtigen Personen.
Je nachdem, was die jeweilige „Person“ sagen oder denken könnte.

Flocki: braun

Klaus: rot

Papa: blau

Ich glaube, Stöckchen holen ist wichtig für ihn.

Ich jaule vor der Wohnungstür.

Ich bücke mich nach Stöckchen.

Ich bringe die Stöckchen zurück.

Ich verstecke den Stollen unter dem Elternbett.

Ich habe zwei kleine Geschwister.

2. Mama findet sich zurzeit nicht sehr schön, wenn sie in den Spiegel schaut.
Kannst du das erklären?

____

____

____

____

Dieses Arbeitsblatt war: ❏ *leicht* ❏ *genau richtig* ❏ *zu schwer*

Mama und der Stollen

📖 Lies Seite 38 bis Seite 40, Zeile 22.

1. Schreibe einige Aussagen auf, die zu Mama passen.

____

____

____

____

Seite	*Zeile*

2. Mama schneidet sich ein Stück Stollen ab, guckt Richtung Bauch, seufzt und sagt:

„____."

Erkläre diesen Satz.

____

____

____

3. Wie teilt Mama den Stollen auf? Findest du das gerecht?

____

____

4. Flocki hilft Mama auf seine Weise. Wie?

____

____

Dieses Arbeitsblatt war: ❑ *leicht* ❑ *genau richtig* ❑ *zu schwer*

Feder, Gewicht: © Norbert Höveler; Daumen: © Magnus Siemens | ISBN 978-3-8346-0710-2 | www.verlagruhr.de

Flocki in der Speisekammer

Lies Seite 40, Zeile 23 bis Seite 44, Zeile 24.

1. Sieh dir das Bild auf Seite 43 genau an. Male nur die Knochen an, deren Gegenstände du auf dem Bild entdecken kannst.

2. Wie findet Flocki seine Wurst?

____

Seite	*Zeile*

____

Seite	*Zeile*

Dieses Arbeitsblatt war: ❑ *leicht* ❑ *genau richtig* ❑ *zu schwer*

Flocki in der Speisekammer

Lies Seite 40, Zeile 23 bis Seite 44, Zeile 24.

1. Wieso bezeichnet Flocki es als sehr nett, dass Küchentür und Speisekammertür offen stehen?

____

____

2. Flocki schleicht sich leise zur Speisekammer.
Dort entdeckt er eine leckere Wurst.
Wie findet Flocki die Wurst?

____

____

3. Was kannst du auf dem Bild Seite 43 erkennen?

____

____

4. Weißt du, wo sich Mama und Papa aufhalten, während Flocki die Speisekammer plündert? Schreibe auf.

Mama: ______________________________________

Papa: ______________________________________

Dieses Arbeitsblatt war: ❑ *leicht* ❑ *genau richtig* ❑ *zu schwer*

Flockis Abenteuer im Haus

Lies Seite 44, Zeile 25 bis 48.

Flocki saust im ganzen Haus herum. Weißt du auch, wohin?

1. Sieh dir das Bild von Flockis Haus an. Schneide die unterschiedlichen Zimmer und die Namen unten aus, und klebe sie richtig in das Haus ein.

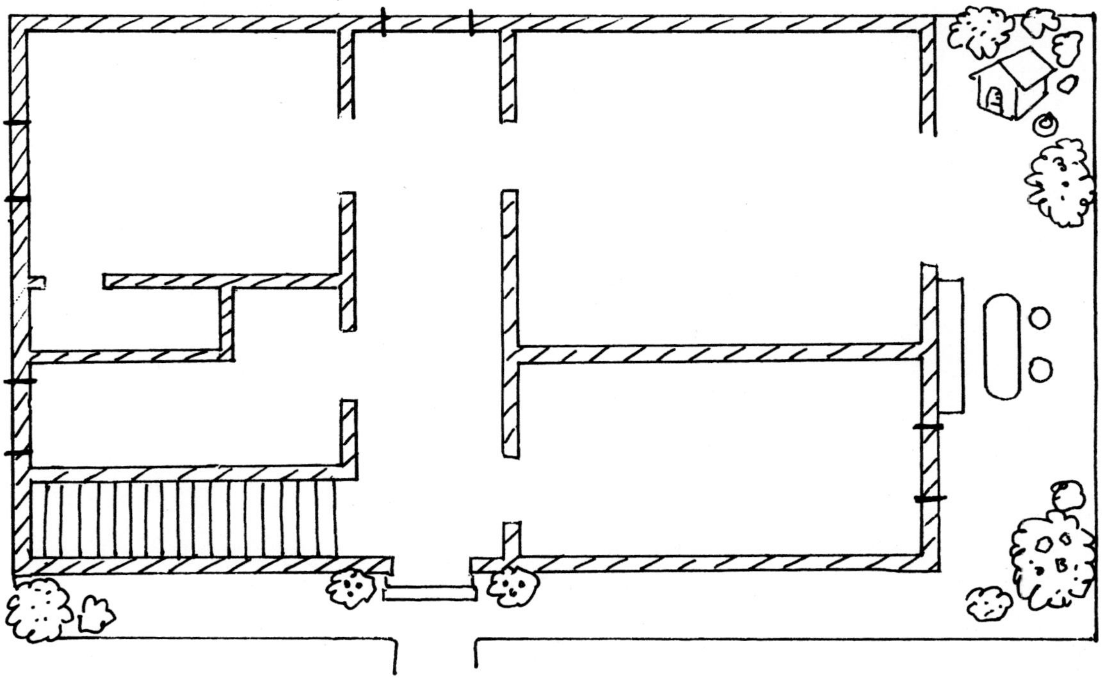

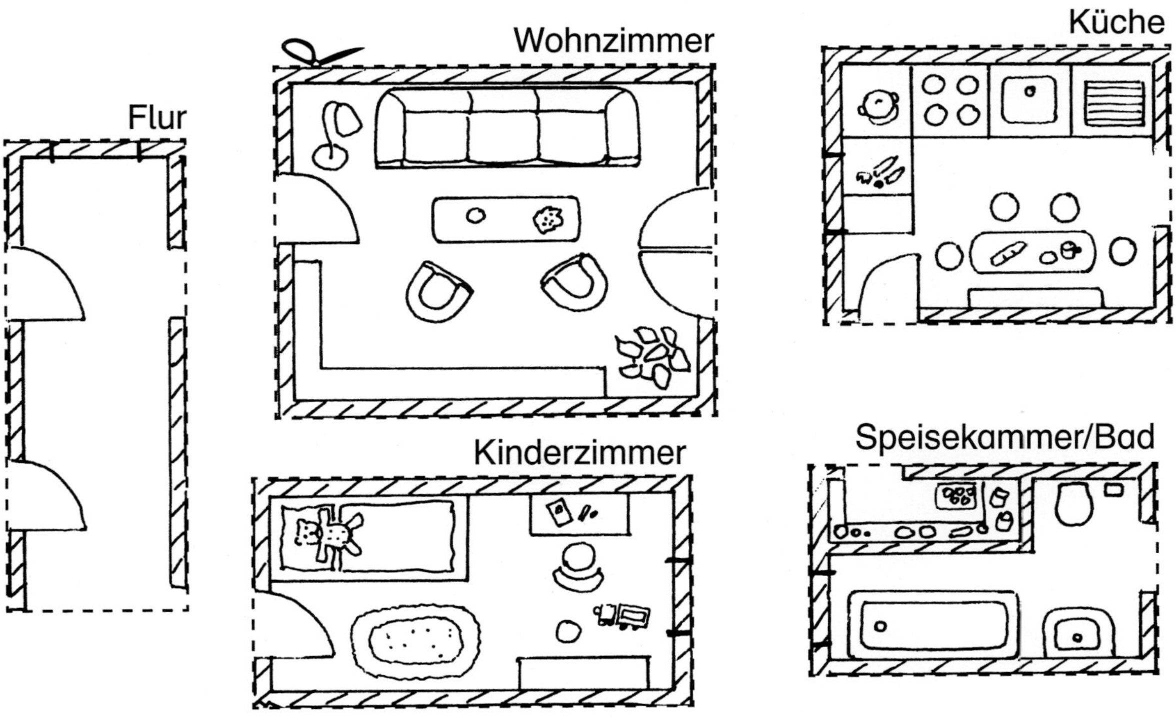

Dieses Arbeitsblatt war: ❑ *leicht* ❑ *genau richtig* ❑ *zu schwer*

Flockis Abenteuer im Haus

Lies Seite 44, Zeile 25 bis 48.

Flocki saust im ganzen Haus herum. Weißt du auch, wohin?

1. Unten siehst du eine Zeichnung von Flockis Haus. Beschrifte die Zimmer.

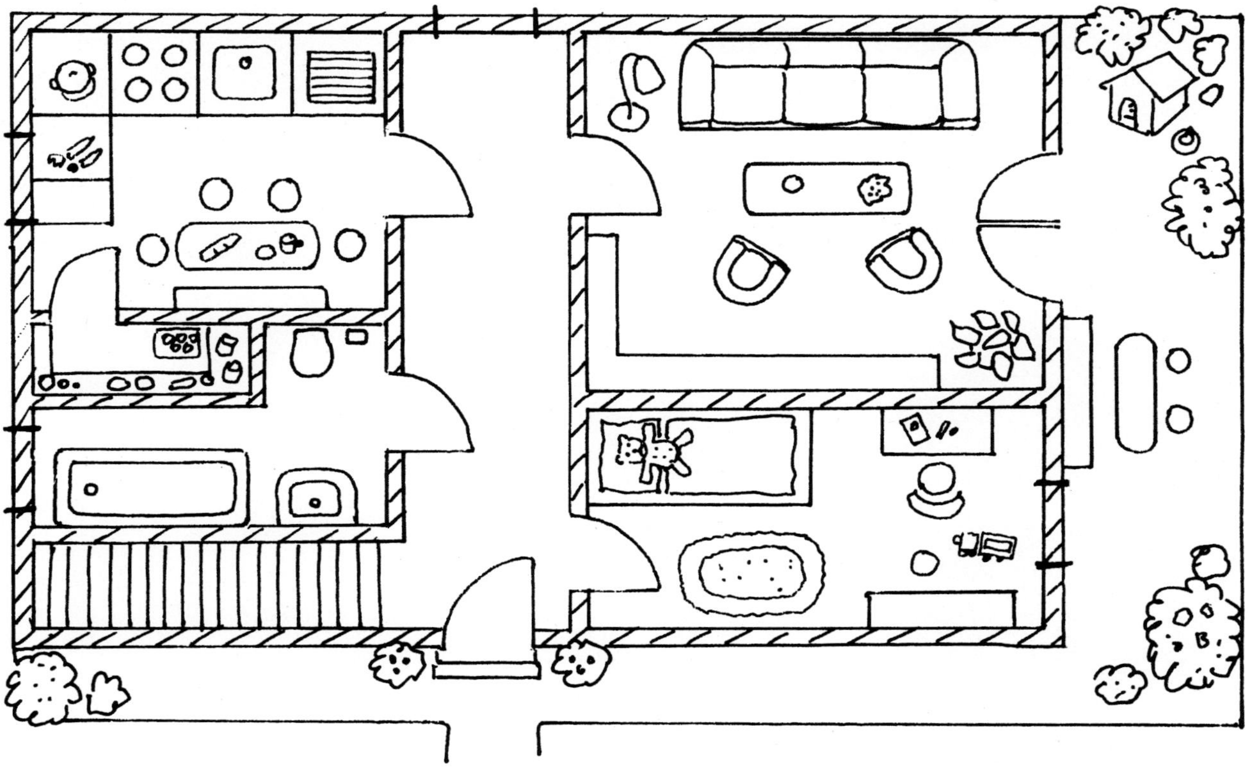

2. Zeichne in das Haus den Weg ein, den Flocki gegangen ist.
Tipp: Start ist das Sofa im Wohnzimmer.

3. Flocki singt mit den Kindern ein Weihnachtslied. Kannst du den Anfang davon aufschreiben?

____

____

4. Das Lied heißt „______________________".

Seite	*Zeile*

Dieses Arbeitsblatt war: ❑ *leicht* ❑ *genau richtig* ❑ *zu schwer*

Flockis seltsame Begegnung

Lies Seite 49 bis Seite 52, Zeile 24.

1. Flocki begegnet draußen einem seltsamen Mann. Wie sieht er aus?

a) Kreuze die richtige Antwort an.

b) Male den Mann fertig.

Der Mann …

☐ … hat eine rote Mütze an.

☐ … hat eine grüne Mütze an.

☐ … hat einen dicken, langen Rauschebart.

☐ … hat einen dicken, kurzen Rauschebart.

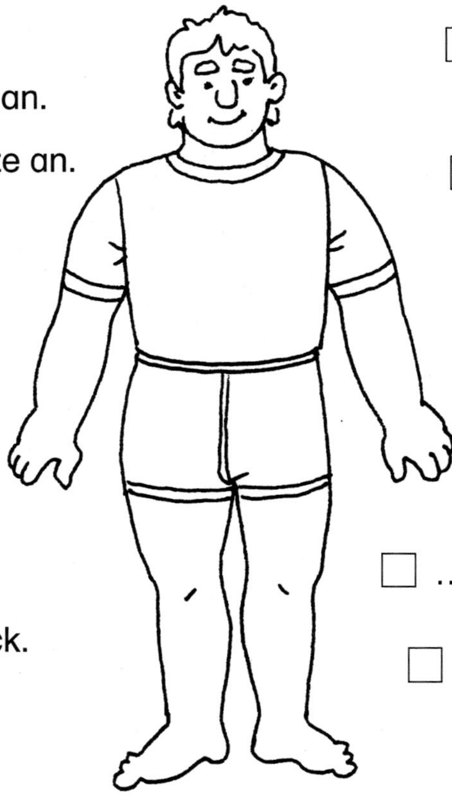

☐ … hat einen blauen Mantel.

☐ … hat einen roten Mantel.

☐ … trägt einen Rucksack.

☐ … trägt einen Sack.

2. Löse das Kreuzworträtsel.

1. Weißes Zeug, das durch die Luft fliegt.

2. Das trägt der seltsame Mann auf dem Kopf.

3. Flocki … den zweiten Mann an.

4. Dahin zwickt Flocki den Mann.

5. Flocki passt gut auf seine … auf.

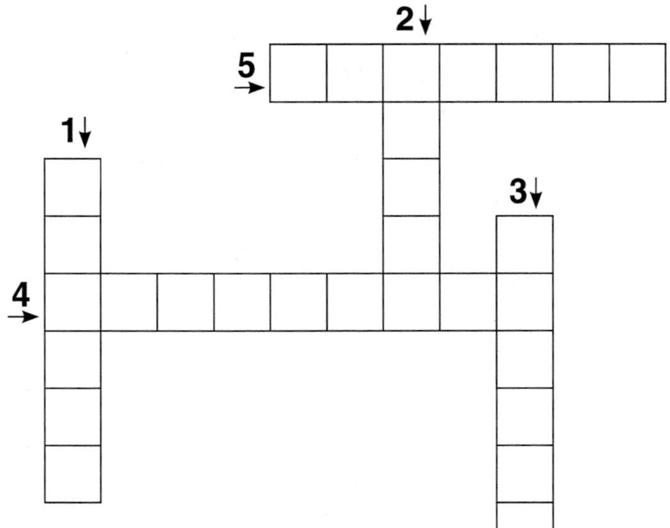

Dieses Arbeitsblatt war: ❑ *leicht* ❑ *genau richtig* ❑ *zu schwer*

Flockis seltsame Begegnung

Lies Seite 49 bis Seite 52, Zeile 24.

1. Flocki begegnet draußen einem seltsamen Mann. Kannst du ihn genau beschreiben und zeichnen?

____

____

____

____

____

2. Löse das Kreuzworträtsel.

1. Leichtes, weißes Zeug, das vom Himmel fällt.

2. Das Gesicht des seltsamen Mannes wird dadurch verdeckt.

3. Flocki ist ein tüchtiger …

4. Flocki ist sehr froh darüber, dass sie noch an der Straße stehen.

5. Flocki hat ein schärferes … als wir Menschen.

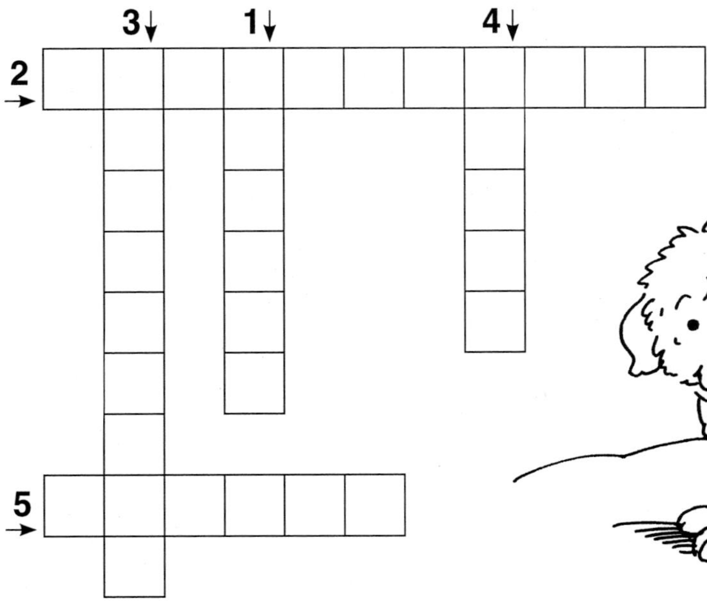

Dieses Arbeitsblatt war: ❑ *leicht* ❑ *genau richtig* ❑ *zu schwer*

Ein seltsamer Tag für Flocki

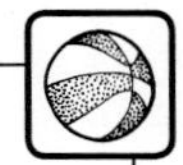

Lies Seite 52, Zeile 25 bis 56.

Nicht nur Flocki findet heute einiges komisch.
Auch hier ist etwas durcheinandergeraten.

1. Lies die Sätze, und bringe die Geschichte wieder in die richtige Reihenfolge.

- ☐ Papa möchte den Baum anzünden.
- 1 Die Verwandtschaft ist zu Hause aufgetaucht.
- ☐ Mama legt Flockis Wurst unter den Baum.
- ☐ Die Kinder rennen immer wieder aufgeregt zur Haustür.
- ☐ Flocki stürzt sich laut bellend auf den Mann von der Bande mit Rauschebart.
- ☐ Keiner beachtet Flocki mehr.
- ☐ Plötzlich hört Flocki ein Pochen an der Terrassentür im Wohnzimmer.

2. Flocki hat eine Frage an dich. Kannst du ihm helfen?

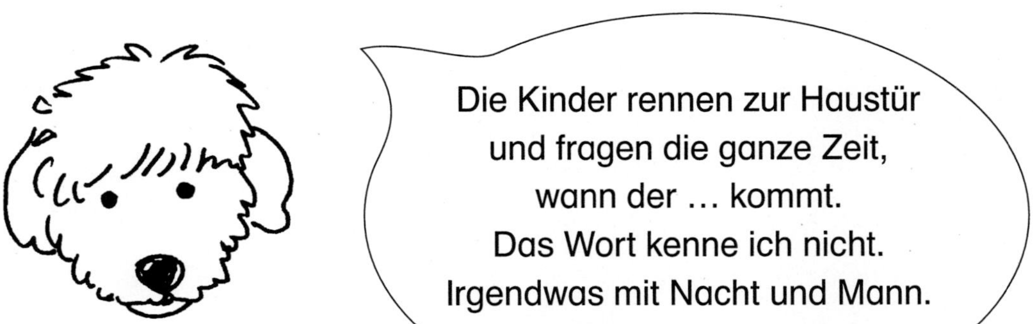

____

____

____

Dieses Arbeitsblatt war: ❑ *leicht* ❑ *genau richtig* ❑ *zu schwer*

Feder, Gewicht: © Norbert Höveler; Daumen: © Magnus Siemens | ISBN 978-3-8346-0710-2 | www.verlagruhr.de

Ein seltsamer Tag für Flocki

Lies Seite 52, Zeile 25 bis 56.

Flocki findet heute einiges komisch. Er erzählt seinen Hundefreunden von seinen Erlebnissen.

Was könnten Flockis Freunde antworten? Schreibe auf.

Die Mama hat meine Wurst unter den Baum gelegt und nicht, wie sonst, in den Napf. Versteht ihr das?

____

____

____

Plötzlich stand wieder einer von dieser Bande mit dem Rauschebart da. Ich fand den verdächtig, meine Familie aber nicht. Warum nicht?

____

____

____

Keiner hat mich mehr beachtet. Sonst wollen sie immer mit mir spielen. Könnt ihr mir das erklären?

____

____

____

Dieses Arbeitsblatt war: ❑ *leicht* ❑ *genau richtig* ❑ *zu schwer*

Flockis Lesequiz (1/3)

Hast du das Buch „Mein 24. Dezember“ genau gelesen?

1. Schneide die Karten aus und bringe sie in die richtige Reihenfolge.

2. Klebe sie jeweils auf eine DIN-A4-Seite.

3. Male zu jedem Textkärtchen ein Bild.

Flocki liegt gemütlich unter dem Wohnzimmersofa, die Wurst zwischen seinen Pfoten.

Flocki haut gegen den roten Ball am Weihnachtsbaum.

Flocki stellt sich vor die Haustür und knurrt den Mann an.

Flocki liegt harmlos auf dem Teppich im Wohnzimmer.

Flocki entdeckt die Pakete unter dem Elternbett und zerfetzt das Papier.

Flocki zwickt dem Mann mit der roten Mütze, dem roten Mantel und dem dicken, langen Rauschebart ins Bein.

Flocki zerrt das grüne Ding mit Füßen unter das Sofa.

Flocki verbuddelt die Streichholzschachtel in der Erde vom Blumentopf-Gummibaum.

Flockis Lesequiz (2/3)

Markiere die richtigen Antworten. Die Buchstaben unter den richtigen Antworten ergeben das Lösungswort.

1. Flocki verbuddelt die Streichhölzer
in einem Blumentopf./im Badezimmer./unter dem Elternbett.

C F M

2. Flocki bringt Papa seinen Knochen. Papa
freut sich sehr./stolpert über Flocki./schimpft.

L K A

3. Mama isst in letzter Zeit viel
Kuchen./Stollen./Süßes.

M E K

4. Mama möchte, dass die Kinder Flocki
an die Leine nehmen./kämmen./streicheln.

Z O P

5. Flocki entdeckt in der Speisekammer
leckeren Käse./eine prachtvolle Wurst./einen großen Knochen.

S N R

6. Die drei Kinder üben das Lied
O du fröhliche./Stille Nacht, heilige Nacht./O Tannenbaum.

I N T

7. Flocki ist
ein halbes Jahr alt./ein Vierteljahr alt./ein Dreivierteljahr alt.

O L H

Lösungswort: ____ ____ ____ ____ ____ ____ ____

2. 5. 4. 1. 7. 3. 6.

Flockis Lesequiz (3/3)

1. Wer ist es? Kreuze die richtige Antwort an.

Flocki ☐	Mama ☐	Papa ☐	Klaus ☐	… liegt auf dem Teppich.
Flocki ☐	Mama ☐	Papa ☐	Klaus ☐	… reißt ständig die Tür auf.
Flocki ☐	Mama ☐	Papa ☐	Klaus ☐	… zieht den Baum hin und her.
Flocki ☐	Mama ☐	Papa ☐	Klaus ☐	… kauft Kerzen.
Flocki ☐	Mama ☐	Papa ☐	Klaus ☐	… öffnet die Wohnzimmertür.
Flocki ☐	Mama ☐	Papa ☐	Klaus ☐	… zieht ein Paket unter dem Elternbett vor.
Flocki ☐	Mama ☐	Papa ☐	Klaus ☐	… stolpert über den Knochen.
Flocki ☐	Mama ☐	Papa ☐	Klaus ☐	… nascht am meisten vom Stollen.
Flocki ☐	Mama ☐	Papa ☐	Klaus ☐	… sägt an den Zweigen vom Baum.
Flocki ☐	Mama ☐	Papa ☐	Klaus ☐	… verzieht sich an die frische Luft.
Flocki ☐	Mama ☐	Papa ☐	Klaus ☐	… singt das Lied „Stille Nacht“.
Flocki ☐	Mama ☐	Papa ☐	Klaus ☐	… streitet sich.
Flocki ☐	Mama ☐	Papa ☐	Klaus ☐	… spielt mit den „Bällen“.
Flocki ☐	Mama ☐	Papa ☐	Klaus ☐	… geht ans Telefon und wünscht „besinnliche Tage“.

Quatschsätze würfeln

Würfel, lies, und schreibe drei Sätze auf die Linien.

Viel Spaß dabei!

1. Wurf	2. Wurf	3. Wurf
⚀ Flocki	⚀ versteckt	⚀ die Streichhölzer.
⚁ Der Weihnachtsmann	⚁ schleppt	⚁ einen Sack.
⚂ Papa	⚂ schimpft	⚂ mit Flocki.
⚃ Mama	⚃ nascht	⚃ den Stollen.
⚄ Klaus	⚄ kauft	⚄ Kerzen.
⚅ Der Postbote	⚅ bringt	⚅ viele Pakete.

- ______________________________
- ______________________________
- ______________________________

Neue Flocki-Geschichten

Du brauchst: Bilder, Schreibblatt, Schere, Kleber, Stifte

1. **Suche dir ein Bild aus.**
2. **Schneide es aus, und klebe es auf ein Schreibblatt.**
3. **Überlege dir eine neue, lustige Flocki-Geschichte, und erzähle sie aus der Sicht von Flocki.**
4. **Stelle deine Geschichte deinen Klassenkameraden vor.**

Flocki fährt Schlitten

© Gerlinde Keller

Flocki auf dem Weihnachtsmarkt

© Gerlinde Keller

Flocki hilft Plätzchen backen

© Gerlinde Keller

Flocki-Pantomime-Spiel (1/3)

Ihr braucht:
zwei bis vier Mitspieler, Spielplan, Spielkarten, Würfel, Spielfiguren

Spielregeln:

1. Legt die Spielkarten verdeckt auf einen Stapel neben den Spielplan.
2. Würfelt abwechselnd, und rückt um die gewürfelte Augenzahl vor.
3. Landest du auf einem Flocki-Feld, ziehe eine Spielkarte.
   Lies die Karte, und stelle pantomimisch dar, was dort steht.
   Achtung: Du darfst nicht sprechen, aber Hundelaute verwenden!
4. Derjenige Mitspieler, der am schnellsten die richtige Antwort errät, bekommt einen Flocki-Punkt.
5. Ist ein Spieler im Ziel, zählt jeder seine Flocki-Punkte.
   Wer die meisten Flocki-Punkte gesammelt hat, ist Sieger.

Spielkarten:

Flocki krabbelt unter den Tisch. Abb.: © Gerlinde Keller	**Flocki schleicht zur Tür.** Abb.: © Gerlinde Keller
Flocki springt vor Freude über die Wurst hoch. Abb.: © Gerlinde Keller	**Flocki bellt 3-mal laut.** Abb.: © Gerlinde Keller
Flocki versteckt sich unter dem Stuhl. Abb.: © Gerlinde Keller	**Flocki nagt am Knochen.** Abb.: © Gerlinde Keller

Flocki-Pantomime-Spiel (2/3)

Flocki winselt.	Flocki knurrt den Postboten an.
Flocki verbuddelt seinen Knochen.	Flocki macht Männchen.
Flocki schüttelt sein nasses Fell aus.	Flocki rollt sich auf dem Teppich hin und her.
Flocki steigt auf den Stuhl.	Flocki rollt mit der Nase einen Ball auf dem Boden.
Flocki schnappt nach den Kugeln am Christbaum.	Flocki jagt seinem eigenen Schwanz hinterher.

Flocki-Punkte:

Flocki-Pantomime-Spiel (3/3)

Flockis Wörterspiel (1/2)

Du brauchst:
mindestens 3 Mitspieler, Spielkarten, Sanduhr

Spielregeln:

1. Die Spielkarten werden gemischt und verdeckt auf einen Stapel gelegt.
2. Der erste Spieler zieht eine Karte, dreht die Sanduhr um und erklärt den Begriff.

   Achtung: Das Wort auf der Karte darf bei der Erklärung **nicht** genannt werden! Der rechte Mitspieler kontrolliert.

3. Errät ein Mitspieler den gesuchten Begriff, darf er diese Karte behalten und erklärt anschließend das nächste Wort.
4. Der Begriff kann in Einzahl oder Mehrzahl genannt werden.
5. Wird ein Begriff nicht in der vorgegebenen Zeit erraten, „verfällt“ die Karte.
6. Es wird so lange gespielt, bis alle Karten verbraucht sind.
7. Gewonnen hat derjenige Mitspieler, der am Ende die meisten Spielkarten gesammelt hat.

Flockis Wörterspiel (2/2)

Wohnzimmer	Hund	Kerze
Weihnachtsbaum	Geschenk	Postbote
Adventskranz	Bett	Weihnachtsbaumkugel
Streichholz	Staubsauger	Knochen
Wurst	Gummibaum	Kamm
Mütze	Weihnachtsmann	Weihnachtslied
Leine	Plätzchen	Stollen

Rund um Weihnachten (1/2)

Lies den Text.

Wusstest du, dass …

… der Adventskranz ursprünglich 24 Kerzen hatte?
Der Leiter eines Kinderheims für arme Kinder in der Gegend von Hamburg wollte den Kindern die Wartezeit auf Weihnachten deutlich machen. Deshalb schmückte er den Kronleuchter mit viel Grün und setzte für jeden Tag bis zum Heiligen Abend eine Kerze darauf. Das wurde irgendwann zu umständlich und man schmückte ihn nur noch mit vier Kerzen, für jeden Sonntag eine.

… als Adventskalender Striche an die Wand oder die Türe gemalt wurden?
Die Kinder durften dann jeden Tag einen Strich davon wegwischen.
Es gab auch Adventskerzen, die jeden Tag bis zur nächsten Markierung weiterbrennen durften. In vielen Familien hängte man auch jeden Tag ein weiteres religiöses Bild an die Wand. Der erste „richtige" Adventskalender erschien vor ca. 100 Jahren in München. Die Mutter eines kleinen Jungen hatte die Idee, einen Kalender aus Pappe zu basteln. Als der Junge erwachsen war, ließ er den ersten Kalender mit Bildern zum Ausschneiden und Aufkleben in seinem Verlag drucken.

… es früher keinen Weihnachtsbaum gab? Die Menschen, die es sich leisten konnten, schmückten ihr Wohnzimmer bis oben hin mit immergrünen Zweigen (zum Beispiel Fichte, Tanne, …).

… in Deutschland in einigen Gegenden der Weihnachtsmann die Geschenke bringt und in anderen – besonders im Süden – das Christkind?

… Weihnachtsgeschenke bis ins vorige Jahrhundert nur die Kinder bekamen? Äpfel, Nüsse, Lebkuchen, aber auch Spielzeug.

… es sogar Weihnachtspostämter gibt, an die du einen Brief ans Christkind oder den Weihnachtsmann schicken kannst?

Rund um Weihnachten (2/2)

Verbinde die passenden Satzteile.

Früher hatte der Adventskranz …	… erschien vor etwa 100 Jahren in München.
Der erste „richtige“ Adventskalender …	… der Weihnachtsmann oder das Christkind.
Früher gab es noch keinen …	… nur die Kinder.
In Deutschland bringt die Weihnachtsgeschenke …	… 24 Kerzen.
Weihnachtsgeschenke bekamen früher …	… an die du einen Brief schicken kannst.
Es gibt sogar Weihnachtspostämter, …	… Weihnachtsbaum.

Rund um Weihnachten (2/2)

Verbinde die passenden Satzteile.

An jedem Tag des Advents …	… die Tage des Advents für die Kinder sichtbar darzustellen.
Der Adventskalender entwickelte sich aus der Idee, …	… der Weihnachtsmann oder das Christkind.
Früher schmückten die Menschen ihr Wohnzimmer …	… Äpfel, Nüsse, Lebkuchen und Spielzeug. Aber nur für die Kinder!
In Deutschland bringt die Weihnachtsgeschenke …	… wurde zu Beginn am Adventskranz eine neue Kerze angezündet.
Als Weihnachtsgeschenke gab es früher …	… an die du deine Grüße oder Wunschzettel schicken kannst.
Es gibt sogar Weihnachtspostämter, …	… bis obenhin mit Zweigen von Tannen und Fichten.

Abb. Fußzeile: © Gerlinde Keller | ISBN 978-3-8346-0710-2 | www.verlagruhr.de

Das berühmteste Weihnachtslied der Welt (1/4)

Kennst du den Text?

Stille Nacht! Heilige Nacht!
Alles schläft; einsam wacht
Nur das traute heilige Paar.
Holder Knabe im lockigen Haar,
Schlafe in himmlischer Ruh!
Schlafe in himmlischer Ruh!

Stille Nacht! Heilige Nacht!
Gottes Sohn! O wie lacht
Lieb' aus deinem göttlichen Mund,
Da uns schlägt die rettende Stund'.
Christ in deiner Geburt!
Christ in deiner Geburt!

Stille Nacht! Heilige Nacht,
Hirten erst, kundgemacht!
Durch der Engel Halleluja
Tönt es laut von fern und nah:
Christ der Retter ist da!
Christ der Retter ist da!

(Joseph Mohr)

Das berühmteste Weihnachtslied der Welt (2/4)

Lies den Text.

Die Kinder singen ein Weihnachtslied, und Flocki jault kräftig mit. Wusstest du, dass das Lied „Stille Nacht, Heilige Nacht“ auf der ganzen Welt in über 300 Sprachen und Dialekten gesungen wird? Darunter in so exotischen Ländern wie Tansania und China.

Aber wie ist das Lied eigentlich entstanden? Vor fast 200 Jahren, 1818, fiel zur Weihnachtszeit in einer kleinen Dorfkirche in der Nähe von Salzburg in Österreich die Orgel aus. Was tun?

Der Dorfschullehrer hatte schon vor einiger Zeit einen Text geschrieben. Nun komponierte der Organist innerhalb weniger Stunden eine Gitarrenbegleitung dazu. Am Heiligen Abend wurde dieses Lied zum ersten Mal in der Kirche gespielt und gesungen, die Gemeindemitglieder waren begeistert, und die Weihnachtsmesse war gerettet.

Einige Jahre später wurde das Lied in Leipzig aufgeführt, und auch hier fanden die Menschen das Lied so schön, dass es sich immer weiter ausbreitete und so berühmt wurde. Schließlich gelangte das Lied sogar nach Amerika, und die Leute dort glaubten, es handle sich um ein amerikanisches Volkslied. Deshalb schrieb eine österreichische Autorin, die in Amerika lebte, ein Buch über die wahre Entstehung des Liedes. Auch Filme wurden über seine Geschichte gedreht. Und so wurde „Stille Nacht, Heilige Nacht“ zum berühmtesten Weihnachtslied der Welt und erklingt zu Weihnachten rund um den Globus.

Um einen Text wirklich verstehen zu können, musst du unbekannte Wörter nachschlagen. Du findest hier deshalb ein kleines Lexikon.

Autorin:
Schriftstellerin

China:
Land in Asien

Dialekt:
Mundart, die in bestimmten Gegenden gesprochen wird

exotisch:
fremdartig

Globus:
Weltkugel

Leipzig:
Stadt in Deutschland

Tansania:
Land in Afrika

Organist:
Musiker, der eine Orgel spielt

Das berühmteste Weihnachtslied? – Richtig oder Falsch (3/4)

Streiche falsche Aussagen durch.

Das Lied wurde zum ersten Mal mit einer Gitarre begleitet.

Über das Lied wurde sogar ein Film gedreht.

Das berühmteste Lied der Welt ist das Lied „O, du fröhliche“.

Das Lied entstand in Tansania.

Das Lied ist ein amerikanisches Volkslied.

Die Menschen mochten das Lied. Deshalb breitete es sich immer weiter aus.

„Stille Nacht, Heilige Nacht“ wird in über 300 Sprachen und Dialekten gesungen.

Dieses Arbeitsblatt war: ❏ *leicht* ❏ *genau richtig* ❏ *zu schwer*

Das berühmteste Weihnachtslied? – Richtig oder Falsch (4/4)

Streiche falsche Aussagen durch.

„Stille Nacht, Heilige Nacht“ entwickelte sich zum berühmtesten Lied der Welt.

Es wird in mehr als 300 Sprachen und Dialekten gesungen.

Anlass für sein Entstehen war eigentlich eine kaputte Orgel.

Der Text wurde von einem Gymnasiallehrer geschrieben.

Das Lied wurde zum ersten Mal in einer Kirche in Leipzig aufgeführt.

Begleitet wurde es dabei von einer Gitarre.

Das Lied wurde berühmt, weil viele Menschen es mochten.

Viele Leute in Amerika glaubten, es sei ein afrikanisches Volkslied.

Es wurde ein Buch über die wahre Entstehungsgeschichte des Liedes geschrieben.

Sogar ein Zeichentrickfilm wurde schon darüber gedreht.

Dieses Arbeitsblatt war: ❑ *leicht* ❑ *genau richtig* ❑ *zu schwer*

Feder, Gewicht: © Norbert Höveler; Daumen: © Magnus Siemens | ISBN 978-3-8346-0710-2 | www.verlagruhr.de

Der Christstollen (1/2)

Lies den Text.

Der Christstollen ist das älteste Weihnachtsgebäck Deutschlands.

Im Jahre 1329 wurde er in Naumburg das erste Mal erwähnt.

Der Christstollen war damals ein Weihnachtsgeschenk für den Bischof.

An der Form des Kuchens hat sich bis heute nichts geändert, sie soll an das gewickelte Jesuskind erinnern.

Am Rezept wurde jedoch im Laufe der Zeit einiges verändert.

Früher durfte der Christstollen nur aus Wasser, Hafer und Rübenöl (Rapsöl) zubereitet werden.

Butter und Milch waren während des Fastens verboten.

In Dresden wurden Christstollen erst viele Jahre später erwähnt.

Im Jahre 1474 erscheint der Begriff „Christbrod“ auf einer Rechnung an den Dresdner Hof.

In Dresden nannte man den Stollen damals „Striezel“.

Der Dresdner Striezelmarkt, der älteste Weihnachtsmarkt in Deutschland, verdankt diesem Gebäck seinen Namen.

Es gibt sehr viele verschiedene Christstollen-Arten, zum Beispiel Quarkstollen, Mandelstollen, Butterstollen, Marzipanstollen, Nuss-Stollen.

Der Christstollen (2/2)

1. Schreibe die Wörter in die Lücken.

Bischof
Weihnachtsgebäck
Striezel
Naumburg

Der Christstollen ist das älteste ______________________ Deutschlands.

Im Jahre 1329 wurde er in ______________ das erste Mal urkundlich erwähnt. Der Stollen war damals ein Weihnachtsgeschenk für den ______________. In Dresden nannte man den Stollen früher ______________.

2. Kreuze die richtigen Sätze an.

a) ☐ Früher wurde der Stollen aus Wasser, Milch und Honig zubereitet.
☐ Früher wurde der Stollen aus Wasser, Hafer und Rübenöl zubereitet.
☐ Früher wurde der Stollen aus Wasser, Honig und Butter zubereitet.

b) ☐ Die Form des Kuchens erinnert an einen Schneeberg.
☐ Die Form des Kuchens erinnert an ein Brot.
☐ Die Form des Kuchens erinnert an das gewickelte Jesuskind.

3. Beantworte die Fragen.

a) Welche Zutaten waren früher, während des Fastens, verboten?

____

b) Wie heißt der älteste Weihnachtsmarkt Deutschlands?

____

c) Nenne zwei Christstollen-Arten.

____

Dieses Arbeitsblatt war: ❑ *leicht* ❑ *genau richtig* ❑ *zu schwer*

Weihnachtsgeräusche

„Was sind das nur für merkwürdige Geräusche, die ich in den letzten Tagen höre?“, denkt Flocki.

1. Überlegt in der Gruppe, welche Geräusche Flocki nur zur Weihnachtszeit zu hören bekommt. Schreibt sie auf.

1. ______________________________

2. ______________________________

3. ______________________________

2. Versucht nun, diese Geräusche mit dem Aufnahmegerät aufzunehmen. Ihr könnt auch probieren, die Geräusche selbst zu erzeugen (zum Beispiel das Klingeln des Postboten durch einen Wecker).

Das haben wir für unser Geräusch verwendet, und so haben wir es gemacht:

Beispiel:
Für das Klingeln haben wir geläutet. Mit der Glocke.

Für 1. ______________________________

Mit ______________________________

Für 2. ______________________________

Mit ______________________________

Für 3. ______________________________

Mit ______________________________

Unkaputtbare Christbaumkugeln

Erinnerst du dich? Flocki hält die Christbaumkugeln für Bälle und spielt damit, indem er kräftig mit der Pfote draufhaut. Natürlich platzen die Kugeln und fallen auseinander. Mit diesen Christbaumkugeln wäre Flocki das nicht passiert.

Du brauchst:
kleine Luftballons, Tapetenkleister, bunte Wolle

1. Blase die Luftballons vorsichtig auf.
2. Streiche sie mit Tapetenkleister ein.
3. Wickle farbige Wolle um die Ballons.
4. Wenn der Kleister getrocknet ist, wird der Luftballon zerstochen. Die Reste des Ballons werden durch die Lücken herausgezogen.

Unkaputtbare Christbaumanhänger

Du brauchst:
Plätzchenformen, bunten Tonkarton, Glitzerklebestifte, Pailletten, kleine Sternchen, Schnur, Band, Stift, Schere

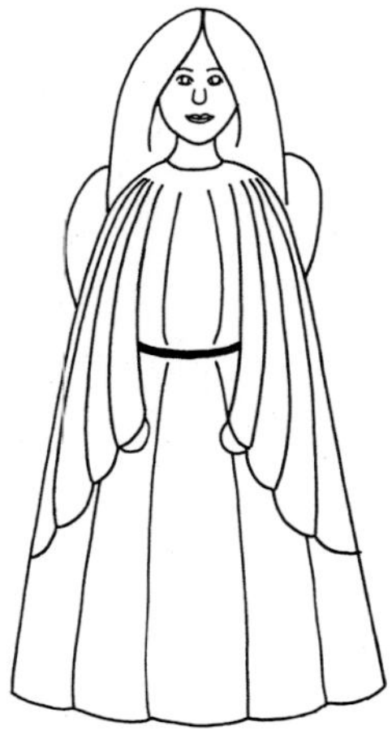

1. Umfahre eine Plätzchenform mit einem Stift auf dem Tonkarton.
2. Schneide sie sorgfältig aus und bohre vorsichtig ein kleines Loch mit der Schere für den Aufhänger. Ziehe die Schnur durch das Loch.
3. Bemale und beklebe den Christbaumanhänger nun mit dem Glitzer. Gut trocknen lassen. Fertig!

Hübsch sieht es aus, wenn du mehrere Christbaumanhänger an einen Ast hängst.

Rezept für Vanillekipferl

Das brauchst du:
Küchenmesser, Backpapier, Backblech, Herd, Zutaten, Frischhaltefolie, Ofenhandschuhe, Sieb, Teelöffel

Zutaten:
280 g Mehl
1 Prise Salz
100 g enthäutete, gemahlene Mandeln
70 g Puderzucker
1 Päckchen Vanillezucker
200 g kalte Butter, in Stückchen

© Harald Biebel – stock.adobe.com

Nach dem Backen:
Puderzucker mit 1 Päckchen Vanillezucker gemischt

Zubereitung:

1. Gib Mehl und Mandeln auf die Mitte der Arbeitsfläche. Drücke eine kleine Kuhle mittig in den Haufen.
2. Gib nun alle übrigen Zutaten hinzu.
3. Verknete alles miteinander zu einem glatten Teig.
4. Forme den Teig zu einer Kugel, und wickle ihn in etwas Folie.
5. Stelle den Teig mindestens eine Stunde in den Kühlschrank.
6. Verteile etwas Mehl auf der Arbeitsfläche.
7. Forme den Teig auf der bemehlten Arbeitsfläche zu dünnen Rollen.
8. Schneide davon fingerlange Stücke ab.
9. Forme die Stücke zu Kipferln, also zu kleinen Hörnchen.
10. Lege das Backblech mit Backpapier aus.
11. Setze die Kipferl mit etwas Abstand auf das Blech, und stelle sie kalt.
12. Heize den Ofen auf 180 °C (Ober- und Unterhitze) vor.
13. Stelle das Blech in die Mitte des Ofens.
14. Lasse die Kipferl 10–15 Minuten goldbraun backen.
15. Hole das Backblech aus dem Ofen. Benutze hierfür die Ofenhandschuhe.
16. Ziehe die Kipferl vorsichtig mit dem Backpapier vom Blech.
17. Bestreue die Kipferl mit Hilfe des Siebes mit der Puderzuckermischung.

Körperbau von Hunden

1. Schneide die Schilder aus.

2. Klebe sie an die richtige Stelle.

Kopf	Auge	Ohr
Schwanz/Rute	Nase	Maul
Rücken	Bein	Pfote

Dieses Arbeitsblatt war: ❑ *leicht* ❑ *genau richtig* ❑ *zu schwer*

Hunde-Steckbrief

Zu dieser Rasse gehört er:

____

So sieht der Hund aus:

- Körper: ______________________________
- Fell: ______________________________
- Ohren: ______________________________
- Nase: ______________________________
- Schwanz: ______________________________
- Beine: ______________________________

Das weiß ich über die Hunderasse:

____

____

____

____

____

____

Wörtertipps:

feucht	winzig	kurzhaarig	wellig	kräftig
groß	spitz	krumm	glatt	lang
klein	zierlich	hängend	weich	braun
struppig	langhaarig	dick	dünn	schwarz
schlank	kurz	weiß		

Hunde-Nachwuchs

1. Lies den Text.

Eine Hündin kann 2-mal im Jahr Welpen werfen.

Nach etwa 63 bis 65 Tagen bringt die Hündin bis zu 10 kleine Welpen zur Welt.

Welpen werden blind und taub geboren, das heißt, sie können nicht sehen und nicht hören. Erst nach 9 bis 14 Tagen öffnen die Hundebabys ihre Augen zum ersten Mal und beginnen auch schon, herumzukrabbeln und ihre Umgebung zu entdecken.

Am Anfang brauchen die Welpen nur Milch – die Hundemutter säugt ihre Kinder 8 bis 12 Wochen.

Aber schon mit 4 Wochen beginnen die Hundebabys, auch feste Nahrung zu fressen.

2. Kreuze die richtige Antwort an.

Eine Hündin hat ihre Babys

- ☐ etwa 36 Tage im Bauch.
- ☐ etwa 56 Tage im Bauch.
- ☐ etwa 63 Tage im Bauch.

Die Hundemutter bringt

- ☐ mehr als 12 Welpen zur Welt.
- ☐ zwischen 3 und 10 Welpen zur Welt.
- ☐ nur ein Junges zur Welt.

Die Welpen können nach der Geburt

- ☐ nicht sehen und hören.
- ☐ schon Stöckchen holen.
- ☐ sofort laut bellen.

Dieses Arbeitsblatt war: ❑ *leicht* ❑ *genau richtig* ❑ *zu schwer*

Die Sinnesorgane eines Hundes

1. Lies den Text, und fülle die Lücken aus.

2. Die Wörter unten im Kasten helfen dir.

Das wichtigste Organ des Hundes ist seine ______________. Ein Hund riecht ungefähr eine Million Mal besser als wir Menschen. Mit ihrer empfindlichen Nase spüren Hunde ______________ auf oder wittern Gefahr. Die Polizei setzt deswegen auch gerne Spürhunde bei ihrer Arbeit ein. ______________ helfen, verschüttete Menschen zu retten.

Auch das ______________ ist eines der wichtigsten Sinnesorgane des Hundes. Hunde können sogar ______________ wahrnehmen, die wir Menschen nicht mehr hören. Durch die beweglichen Ohrmuscheln können Hunde Geräusche viel besser aufspüren. Aus diesem Grund werden Hunde auch oft als ______________ eingesetzt.

Die ______________ des Hundes sind nicht so gut ausgebildet. Besonders scharf sehen können Jagdhunde. Trotzdem verlassen sich Hunde lieber auf ihre Nase. Der Geschmackssinn ist für Hunde nicht so wichtig. Sie ______________ ihr Futter und stellen somit fest, ob sie es mögen oder nicht.

Lawinenhunde, Augen, Töne, beschnuppern, Nase,
Wachhund, Ohr, Beute

Dieses Arbeitsblatt war: ❑ *leicht* ❑ *genau richtig* ❑ *zu schwer*

Verstehst du die Hundesprache?

Hunde bellen, knurren und jaulen. Das ist nicht die einzige Sprache, die sie sprechen. Auch mit ihrem Körper zeigen Hunde, wie sie sich fühlen.

Was gehört zusammen? Male in der gleichen Farbe aus.

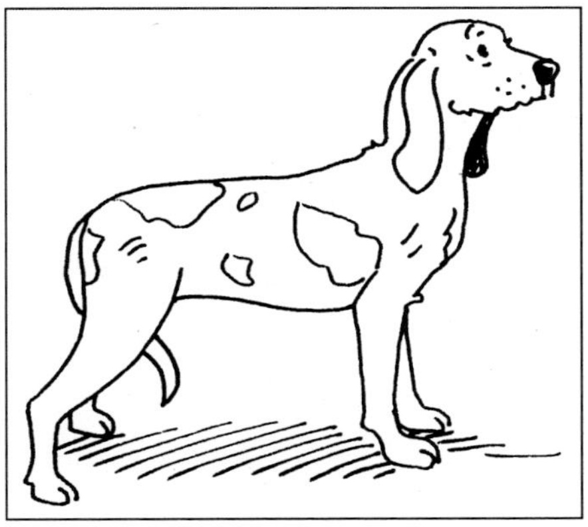

Ich mag dich! Ich freue mich!

Lass mich in Ruhe!

Ich bin aufmerksam!
Ich habe etwas entdeckt!

Ich habe Angst!

Dieses Arbeitsblatt war: ❑ *leicht*  ❑ *genau richtig*  ❑ *zu schwer* 

Ein Hund für deine Familie?

Es ist schön, einen eigenen Hund in der Familie zu haben.
Doch ein Hund braucht Platz, und die Pflege kostet viel Geld.
Bevor du einen Hund kaufst, solltest du einige Dinge bedenken.

**1. Was braucht ein Hund? Fülle die Tabelle aus.
Du kannst auch zeichnen.**

Futter	
Pflege	
„Dinge“	
Zuwendung	
Sonstiges	

2. Möchtest du gerne einen Hund als Haustier haben?

____

____

____

____

Hunde-Quiz

1. Verbinde die passenden Satzteile mit Lineal und Bleistift.

2. Du kannst die Kärtchen auch ausschneiden und als Memory® spielen.

Wenn sich der Hund freut …	… Welpen.
Das wichtigste Organ des Hundes ist …	… Rute.
Hunde, die verschüttete Menschen retten, nennt man auch …	… zieht er die Rute fest zwischen den Beinen an.
Nach der Geburt können Hunde …	… wedelt er mit dem Schwanz.
Wenn der Hund Angst hat, …	… Lawinenhunde.
Hundebabys heißen auch …	… nicht sehen und hören.
Den Schwanz des Hundes nennt man …	… seine Nase.

Dieses Arbeitsblatt war: ❑ *leicht*  ❑ *genau richtig*  ❑ *zu schwer* 

Flockis Kugeltanz

Benötigtes Material:
Teppichfliesen in Klassenstärke (eine weniger), Tennisbälle (2 pro Kind), Musik

In der Turnhalle werden Teppichfliesen verteilt (eine weniger als Kinder). Sobald Musik ertönt, bewegen sich die Kinder frei, mit den Tennisbällen in den offenen Handflächen, in der Halle. Der Spielleiter stoppt die Musik zu einem willkürlichen Zeitpunkt. Nun müssen die Kinder versuchen, sich schnellstmöglich auf eine freie Teppichfliese zu setzen. Dabei dürfen die Bälle **nicht** auf den Boden fallen. Am Ende bleibt ein Kind stehen und scheidet aus. Anschließend wird eine Teppichfliese entfernt, und das Spiel geht von vorne los.

Fallen einem Kind die Bälle auf den Boden, so scheidet es ebenfalls aus. Es müssen dementsprechend Teppichfliesen entfernt werden. Es wird so lange gespielt, bis nur noch zwei Kinder und eine Teppichfliese übrig sind.

Flocki jagt den Postboten

Benötigtes Material:
Spielfeld, Ball

Es werden zwei Mannschaften gebildet. Jede Mannschaft bestimmt einen „Flocki“ und einen „Postboten“. **Der Name des „Postboten“ bleibt geheim und wird nur dem Spielleiter mitgeteilt.** Der „Flocki“ jeder Mannschaft ist dagegen öffentlich. Sobald der „Postbote“ im Spielverlauf 3-mal von der gegnerischen Mannschaft abgeworfen wurde, wird dieser von der eigenen Mannschaft bekannt gegeben,
und das Spiel ist beendet.
Alle anderen Kinder dürfen ohne weitere Folgen (d.h. Ausscheiden o.Ä.) abgeworfen werden oder den Ball beim Fangversuch fallen lassen.
Trifft jedoch „Flocki“ den „Postboten“ der gegnerischen Mannschaft gleich beim ersten Wurf, ist das Spiel sofort beendet.

Lösungen (1/3)

Auf den nachfolgenden Seiten sind die Lösungen der Aufgaben, die eindeutig lösbar sind, aufgeschrieben.

So ein Durcheinander! (Seite 9)
1. Flocki ist ein **kleiner, weißer Hund.**
2. Flocki nennt Papa **den Großen.**
3. Papa trägt **eine Tanne** ins Wohnzimmer.
4. Es ist ein **Christbaumständer**.
5. Flocki zerrt das Ding unter d**as Sofa.**

So ein Durcheinander! (Seite 10)
1. Flock ist ein kleiner, weißer Hund.
2. Weil Weihnachten ist.
3. schimpfen, meckern, maulen, murren, keifen
4. Er meint den Christbaumständer.
5. Er versteckt ihn unter dem Sofa.
6. Er will gelobt werden.

Der Duft des großen Vogels (Seite 11)
1. Kaninchen (richtig: Vogel)
   Keller (richtig: Küche)
   luftigen (richtig: duftigen)
   reingeflogen (richtig: reingetragen)
   voller (richtig: ohne)
2. eine Gans
3. ungerecht/Leine/geschnappt/Leine

Der Duft des großen Vogels (Seite 12)
1. Den Duft einer Gans

So eine Hektik (Seite 13)
1. Der Kleine will freiwillig Schuhe putzen.
   Susanne sperrt sich in ihrem Zimmer ein.
   Mama putzt das Haus und kauft ein.
   Papa holt Päckchen aus dem Auto.
   Das Telefon klingelt dauernd.
2. (1) Falsch: Knopf
   (2) Falsch: kosmisches
   (3) Falsch: Glittern
   (4) Richtig: Er hat auch einen seltsam roten Kopf und so ein komisches Glitzern in den Augen.

Flocki und der Weihnachtsbaum (Seite 15)
3. vor den Fernsehapparat, vor die Musiktruhe, neben die Terrassentür
5. Als der arme Kerl endlich genauso steht wie ganz am Anfang …

Flocki und die Pakete (Seite 17)
1. Er findet sie unter den Betten im Schlafzimmer. Er zieht eines nach vorne und zerrt am Papier, und er fetzt daran herum.
3. Es ist der Postbote. Flocki mag ihn nicht, weil …
4. Mit Mama macht er einen Wettlauf.
5. Nervensäge (Seite 28, Zeile 14)

Flocki und die Pakete (Seite 18)
2. Lösung: 1, 3 und 5

Bunte Bälle (Seite 19)
1. Er weiß nicht, dass es Christbaumkugeln sind. Die Kugeln sind durchsichtig, rot, gelb und blau.
3. Lösungssatz: Wer hat die Kugel zerbrochen? Die Kerzen sind rot und gelb.

Bunte Bälle (Seite 20)
1. Der Baum ist noch nicht geschmückt.

Flockis Versteckspiel (Seite 21)
1. Text 1: 2. Bild
   Text 2: 1. Bild
2. In der Erde des Gummibaumes.

Mama und der Stollen (Seite 23)
1. **braun verbunden:** Ich jaule vor der Wohnungstür; Ich bringe die Stöckchen zurück; Ich verstecke den Stollen unter dem Elternbett.
   rot verbunden: Ich bücke mich nach Stöckchen; Ich glaube, Stöckchen holen ist wichtig für ihn; Ich habe zwei kleine Geschwister.
   blau verbunden: Ich bücke mich nach Stöckchen; Ich glaube, Stöckchen holen ist wichtig für ihn

Mama und der Stollen (Seite 24)
2. „Das ist mein Verderben."
   (Seite 39, Zeile 4/5)

Flocki in der Speisekammer (Seite 25)
1. Hausschuhe, Flasche, Zahnbürste, Schürze, Schaufel, Besen, Glas mit Erbsen, Wurst
2. „unglaublich prachtvoll" (Seite 42, Zeile 22)
   „zum Auffressen herrlich"
   (Seite 42, Zeile 23/24)

Lösungen (2/3)

Flockis Abenteuer im Haus (Seite 28)

2. Sofa → Haustür → Wohnzimmer → Zimmer von Klaus → Haustür
3. Stille Nacht, Heilige Nacht! Alles schläft, einsam wacht …
4. „Stille Nacht" (Seite 45, Zeile 24)

Flockis seltsame Begegnung (Seite 29)

1. rote Mütze; Sack; roter Mantel; dicker, langer Rauschebart
2.

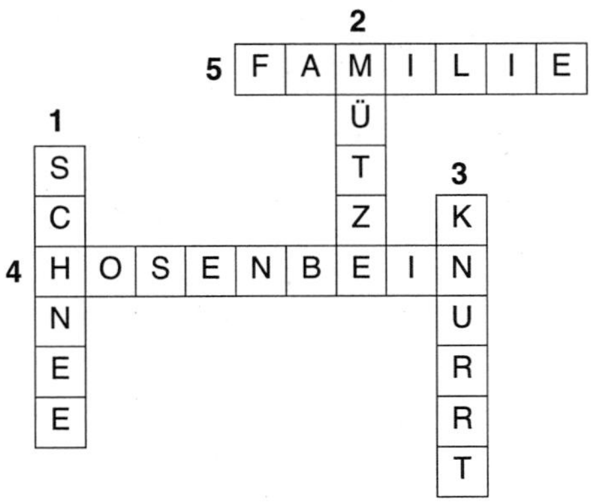

Flockis seltsame Begegnung (Seite 30)

2.

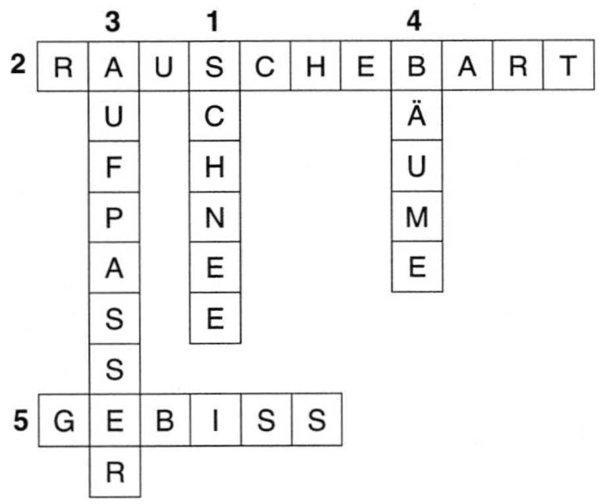

Ein seltsamer Tag für Flocki (Seite 31)

1. (1) Die Verwandtschaft ist zu Hause aufgetaucht.
   (2) Die Kinder rennen immer wieder aufgeregt zur Haustür.
   (3) Mama legt Flockis Wurst unter den Baum.
   (4) Plötzlich hört Flocki ein Pochen an der Terrassentür im Wohnzimmer.
   (5) Flocki stürzt sich laut bellend auf den Mann von der Bande mit Rauschebart.
   (6) Papa möchte den Baum anzünden.
   (7) Keiner beachtet Flocki mehr.
2. Es ist der Weihnachtsmann.

Flockis Lesetest (1/3) (Seite 33)

1. Flocki liegt harmlos auf dem Teppich im Wohnzimmer.
2. Flocki zerrt das grüne Ding mit Füßen unter das Sofa.
3. Flocki entdeckt die Pakete unter dem Elternbett und zerreißt das Papier.
4. Flocki haut gegen den roten Ball am Weihnachtsbaum.
5. Flocki verbuddelt die Streichholzschachtel in der Erde vom Blumentopf-Gummibaum.
6. Flocki liegt gemütlich unter dem Wohnzimmersofa, die Wurst zwischen den Pfoten.
7. Flocki zwickt dem Mann mit der roten Mütze, dem roten Mantel und dem dicken, langen Rauschebart ins Bein.
8. Flocki stellt sich vor die Haustür und knurrt den Mann an.

Flockis Lesetest (2/3) (Seite 34)

Flocki verbuddelt die Streichhölzer **in einem Blumentopf. (C)**
Flocki bringt Papa seinen Knochen. Papa **stolpert über Flocki. (K)**
Mama isst in letzter Zeit viel **Stollen. (E)**
Mama möchte, dass die Kinder Flocki **kämmen. (O)**
Flocki entdeckt in der Speisekammer **eine prachtvolle Wurst. (N)**
Die drei Kinder üben das Lied **Stille Nacht, Heilige Nacht. (N)**
Flocki ist **ein Dreivierteljahr alt. (H)**
Lösungswort: Knochen

Flockis Lesequiz (3/3) – Wer ist es? (Seite 35)

Flocki liegt auf dem Teppich.
Mama/Papa/Klaus reißt ständig die Tür auf.
Mama/Papa zieht den Baum hin und her.
Klaus kauft Kerzen.
Papa öffnet die Wohnzimmertür.
Flocki zieht ein Paket unter dem Elternbett hervor.
Papa stolpert über den Knochen.
Mama nascht am meisten vom Stollen.
Papa sägt an den Zweigen vom Baum.
Flocki verzieht sich an die frische Luft.
Klaus singt das Lied „Stille Nacht".
Mama/Papa streitet sich.
Flocki spielt mit den Bällen.
Mama/Papa geht ans Telefon und wünscht besinnliche Tage.

Lösungen (3/3)

Der Christstollen (Seite 50)

1. Weihnachtsgebäck; Naumburg; Bischof, Striezel
2. **a)** Früher wurde der Stollen aus Wasser, Hafer und Rübenöl zubereitet.
   b) an das gewickelte Jesuskind
3. **a)** Butter und Milch waren während des Fastens verboten.
   b) Der Dresdner Striezelmarkt ist der älteste Weihnachtsmarkt Deutschlands.
   c) Mandelstollen, Butterstollen, Marzipanstollen, Quarkstollen, Nuss-Stollen

Hunde-Nachwuchs (Seite 56)

Eine Hündin hat ihre Babys **etwa 63 Tage im Bauch.** Die Hundemutter bringt zwischen **3 und 10 Welpen zur Welt.** Die Welpen können nach der Geburt **nicht sehen und hören.**

Die Sinnesorgane eines Hundes (Seite 57)

Nase, Beute, Lawinenhunde, Ohr, Töne, Wachhund, Augen, beschnuppern

Verstehst du die Hundesprache? (Seite 58)

Ich mag dich!
Ich freue mich!

Ich bin aufmerksam!
Ich habe etwas entdeckt!

Lass mich in Ruhe!

Ich habe Angst!

Hunde-Quiz (Seite 60)

Wenn sich der Hund freut, **wedelt er mit dem Schwanz.**
Das wichtigste Organ des Hundes ist **seine Nase.**
Hunde, die verschüttete Menschen retten, nennt man auch **Lawinenhunde.**
Nach der Geburt können Hunde **nicht sehen und hören.**
Wenn der Hund Angst hat, **zieht er die Rute fest zwischen den Beinen an.**
Hundebabys heißen auch **Welpen.**
Den Schwanz des Hundes nennt man **Rute.**

Rund um Weihnachten (Seite 44)

Früher hatte der Adventskranz **24 Kerzen.**/Der erste „richtige“ Adventskalender **erschien vor etwa 100 Jahren in München.**/Früher gab es noch keinen Weihnachtsbaum./In Deutschland bringt die Weihnachtsgeschenke **der Weihnachtsmann oder das Christkind.**/Weihnachtsgeschenke bekamen früher **nur die Kinder.**/Es gibt sogar Weihnachtspostämter, **an die du einen Brief schicken kannst.**

Rund um Weihnachten (Seite 44)

An jedem Tag des Advents **wurde zu Beginn am Adventskranz eine neue Kerze angezündet.**/Der Adventskalender entwickelte sich aus der Idee, **die Tage des Advents für die Kinder sichtbar darzustellen.**/Früher schmückten die Menschen ihr Wohnzimmer bis obenhin mit Zweigen von Tannen und Fichten./In Deutschland bringt die Weihnachtsgeschenke **der Weihnachtsmann oder das Christkind.**/Als Weihnachtsgeschenke gab es früher **Äpfel, Nüsse, Lebkuchen und Spielzeug. Aber nur für die Kinder!**/Es gibt sogar Weihnachtspostämter, **an die du deine Grüße oder Wunschzettel schicken kannst.**

Das berühmteste Weihnachtslied? (Seite 47)

Richtig: Das Lied wurde zum ersten Mal mit einer Gitarre begleitet./Über das Lied wurde sogar ein Film gedreht./Die Menschen mochten das Lied. Deshalb breitete es sich immer weiter aus./„Stille Nacht, Heilige Nacht“ wird in über 300 Sprachen und Dialekten gesungen.

Das berühmteste Weihnachtslied? (Seite 48)

Richtig: „Stille Nacht, Heilige Nacht“ entwickelte sich zum berühmtesten Lied der Welt./Es wird in mehr als 300 Sprachen und Dialekten gesungen./Anlass für sein Entstehen war eigentlich eine kaputte Orgel./Begleitet wurde es dabei von einer Gitarre./Das Lied wurde berühmt, weil viele Menschen es mochten./Es wurde ein Buch über die wahre Entstehungsgeschichte des Liedes geschrieben.